MODERAÇÃO

DÉBORA OLIVEIRA AIETA DE MELO

MODERAÇÃO
O EQUILÍBRIO QUE VOCÊ BUSCA

1ª edição

Débora Aieta

Rio de Janeiro

2023

Dedicatória

Ao meu Senhor que me instrui e me ensina o caminho que devo seguir, guia-me com seus olhos, sob suas vistas recebo conselho **(Salmos 32.8)**.

Ao meu marido, filhos, pais, parentes, irmãos da igreja, amigos, colegas de empresas, a todos aqueles que convivem ou conviveram comigo, pessoas às quais devo gratidão pela bagagem de paciência que adquiri e tenho certeza que contribuí também nas delas.

E a você, meu caro leitor, desejo que não me encontres na TPM(Tensão Pré-Menstrual). Não sou perfeita e totalmente equilibrada, mas estou em processo de desenvolvimento, dia após dia....

Sumário

SEM EXAGEROS

*"Como cidade derrubada, que não tem muralhas, assim é aquele que não tem **domínio próprio**."*

(Provérbios 25.28)

O versículo acima foi o inspirador da capa deste meu livro. A pessoa que não tem moderação, domínio próprio, é como uma cidade derrubada, sem muros, ou seja, qualquer um chega e invade, assalta sua paz, rouba sua alegria, arrasa com suas emoções e reações, é alguém totalmente vulnerável, sem segurança, sem proteção alguma.

Meu desejo é te amostrar o caminho para alcançar este equilíbrio que você tanto almeja, mas já adianto que ele é um processo, uma construção. Devemos começar pela base, estrutura, raiz, parte interna e com o tempo ele se tornará notório também as outras pessoas.

*"Que a **moderação** de vocês seja conhecida por todos. Perto está o Senhor."*

(Filipenses 4.5)

Moderação – Ser moderado, significa ser temperado (nem muito sal, nem muito açúcar), ser prudente, equilibrado, sóbrio, ter controle de si próprio, de suas atitudes, emoções, não ser dado a excessos.

Fui ensinada a fazer strogonoff com ketchup e mostarda, lembro da recomendação que me fizeram, certamente uma boa "masterchef": *Coloque uma pitada de açúcar para quebrar o amargo da mostarda!*

Trago este ensinamento para a vida, devemos dosar nossas emoções, palavras, atitudes... Para dizermos a verdade, por exemplo, não precisamos faltar com respeito, nem ofender ninguém; é a pitada de "açúcar" para quebrar o "amargo", é o "amor" na "correção", "exortação".

Exagero, seja no que for, é prejudicial, já a moderação é boa em tudo!

Até coisas boas, quando vivenciadas sem limites, nos fazem mal. Exemplo: Estudar é bom, mas quando se passa da conta é enfado, canseira.

*"Além do mais, meu filho, leve em conta o seguinte: não há limite para fazer livros, e o **muito** estudar é enfado da carne."*
(Eclesiastes 12.12)

Um outro exemplo são as redes sociais, você pode até usar para coisas úteis e saudáveis, mas se não estipular o limite diário, virará escravo, ficando horas e horas, sem ver a vida passar e seu tempo para coisas importantes esgotar, precisamos priorizar e dividir com sabedoria o tempo que nos é dado.

Precisamos de moderação em tudo, ela é a chave do sucesso para não excedermos numa coisa e faltar em outra e principalmente para uma vida mais feliz e equilibrada, sem ser refém de ninguém, nem mesmo de você próprio!

Tema a Deus e evite os extremos!

"Não seja excessivamente justo nem demasiadamente sábio; por que destruir-se a si mesmo?

Não seja demasiadamente ímpio e não seja tolo; por que morrer antes do tempo?

É bom reter uma coisa e não abrir mão da outra, pois quem teme a Deus evitará ambos os extremos."

(Eclesiastes 7.16-18, NVI)

NA VIDA ESPIRITUAL

---

*"Não que, por nós mesmos, sejamos capazes de pensar alguma coisa, como se partisse de nós; pelo contrário, a nossa capacidade vem de Deus, o qual nos capacitou para sermos ministros de uma nova aliança, não da letra, mas do Espírito; porque a **letra** mata, mas o **Espírito** vivifica."*

(2 Coríntios 3.5-6)

Quem tem a Palavra, mas não tem o Espírito, corre o risco de cair no formalismo/legalismo e se tornar fariseu (religioso) hipócrita (dissimulado, falso).

Já quem tem o Espírito, mas não tem a Palavra, pode ir para o outro extremo, o fanatismo.

*"Toda palavra de Deus é pura. Ele é **escudo** para os que nele confiam."*

(Provérbios 30.5)

Olha aí, a proteção que precisamos, o escudo, a defesa, a muralha, o refúgio e fortaleza, o socorro bem presente na angústia **(Salmos 46.1)**!

Precisamos ser moderados, equilibrados em nossa vida espiritual, para isso necessitamos dos dois: a Palavra e o Espírito.

Jesus disse em **Mateus 22.29** *"O erro de vocês está no fato de não conhecerem as Escrituras **nem** o poder de Deus."*.

Para a balança de nossa vida espiritual estar em equilíbrio, não pender para um lado, nem para o outro, é preciso que sejamos conhecedores das Escrituras e do poder de Deus.

Não podemos ter um ou outro, devemos ter um e outro!

Também não devemos viver na dependência da vida espiritual dos outros, como Jacó se referia a Deus, somente como o Deus de seu avô Abraão e seu pai Isaque...

"Se não fosse o Deus de meu pai, o Deus de Abraão e o Temor de Isaque, por certo o senhor me despediria agora de mãos vazias"
(Gênesis 31.42a)

Foi lhe necessário ter suas próprias experiências com o Senhor, para que Deus passasse a ser também o Deus de Jacó e eu me orgulho de que esse famoso "Deus de Abraão, Isaque e Jacó" também é o Deus de Débora, o meu Deus!

"Disse mais: — Eu sou o Deus de seu pai, o Deus de Abraão, o Deus de Isaque e o Deus de Jacó"
(Êxodo 3.6a)

É necessário sair do "raso" de somente "ouvir falar", para um nível mais "profundo" de viver, conhecer e prosseguir em conhecer **(Oseias 6.3a)**.

"Eu te conhecia só de ouvir, mas agora os meus olhos te veem."
(Jó 42.5)

Paulo relata em sua segunda carta a Timóteo 1, versículo 12, *"sei em quem tenho crido"*, eu também não tenho dúvida e você?

NA MENTE

*"**Não fiquem preocupados** com coisa alguma, mas, em tudo, sejam conhecidos diante de Deus os pedidos de vocês, pela oração e pela **súplica**, com **ações de graças**. E **a paz de Deus, que excede todo entendimento, guardará o coração e a mente de vocês em Cristo Jesus.** Finalmente, irmãos, tudo o que é **verdadeiro**, tudo o que é **respeitável**, tudo o que é **justo**, tudo o que é **puro**, tudo o que é **amável**, tudo o que é de **boa fama**, se alguma **virtude** há e se algum **louvor** existe, **seja isso o que ocupe o pensamento de vocês.**"*

(Filipenses 4.6-8)

Na palavra de Deus, especialmente nos versículos descritos acima, encontramos uma ferramenta maravilhosa para blindarmos nossa mente, nosso emocional, a vacina para prevenção de estresse, crise de ansiedade, depressão, síndrome do pânico….

Sabemos que a ansiedade é o mal do século, mas a Palavra de Deus nos adverte a não ficarmos preocupados com coisa alguma.

Pessoas que vivem "preocupadas", vivem se ocupando com antecedência, com situações que estão no futuro, que fogem ao controle dela e talvez nem aconteçam... Percebe o desgaste mental desnecessário?

Não estou falando de planejamento saudável, plantar no hoje e se Deus quiser, colher e desfrutar no futuro, expectativas, objetivos, sonhos transformados em projetos que nos movem, que nos trazem realização... Estou me referindo a ansiedade nociva, que assalta o sono, traz medo, insegurança, tenta roubar a paz...

Quando ela bater a sua porta, não perca tempo, bata na porta de Deus (através da **oração**), conta tudo para o teu Pai e já **agradeça** por saber que nada foge ao controle dele e que não importa o que aconteça, tudo cooperará para o teu bem, se você o ama e é chamado segundo o seu propósito **(Romanos 8.28).**

Os psicólogos deixam seus ouvidos disponíveis para os pacientes falarem, colocarem tudo para fora e de fato, eles se sentem aliviados.

É bíblico, traz cura, quando desabafamos, confessamos os pecados uns aos outros e oramos uns pelos outros!

"Portanto, confessem os seus pecados uns aos outros e orem uns pelos outros, para que vocês sejam curados. Muito pode, por sua eficácia, a súplica do justo."

(Tiago 5.16)

Ainda mais eficiente e eficaz é quando contamos tudo para Deus em oração e somos pessoas gratas a ele, pois colhemos como resultado "a paz de Deus que excede todo entendimento".

Por vezes, temos dificuldade em nos expressar e as pessoas não conseguem nos compreender na totalidade, às vezes nem nós mesmos…. Já chorou sem saber o motivo e sorriu também?!

Ele te entende mais e melhor que você mesmo, ele que te formou, te conhece e consegue entrar no mais profundo da tua alma, decifrar cada palavra que nem foi dita…

*"Senhor, **tu me sondas e me conheces**. Sabes quando me sento e quando me levanto; **de longe conheces os meus pensamentos**. Observas o meu andar e o meu deitar e conheces todos os meus caminhos. **A palavra ainda nem chegou à minha língua, e tu, Senhor, já a conheces toda. Tu me cercas por todos os lados e pões a tua mão sobre mim** (**<u>eita glória, olha a muralha que precisamos aí</u>**). Tal conhecimento é maravilhoso demais para mim: é tão elevado, que não o posso atingir. Para onde me ausentarei do teu Espírito? Para onde fugirei da tua face?"*

(Salmos 139.1-7)

Uau! Que maravilhoso saber que alguém me entende e me conhece por inteiro e mesmo não sabendo me expressar, seu

Espírito traduz tudo que preciso... É de tirar o fôlego, um amor-perfeito e único assim! Na verdade, ele soprou em nós o fôlego de vida! Com seu Espírito fazendo morada em nós, nos sentimos vivos de verdade!

"Da mesma maneira, também o Espírito nos ajuda em nossa fraqueza. Porque não sabemos orar como convém, mas o próprio Espírito intercede por nós com gemidos inexprimíveis. E aquele que sonda os corações sabe qual é a mente do Espírito, porque intercede pelos santos de acordo com a vontade de Deus."

(Romanos 8.26-27)

Devemos também aplicar o filtro de Filipenses 4.8 que lemos no início deste tópico. Permitir que se alojem em nossas "caixolas"(mentes), o que for verdadeiro, respeitável, justo, puro, amável, de boa fama, se tiver alguma virtude, algum louvor, somente coisas que passem nestas seleções é que devem ocupar os nossos pensamentos.

Feita nossa parte, entregar aos cuidados de Deus, tudo que não compete a nós fazer. Ele é totalmente confiável, tem soberania absoluta, nada foge ao seu controle, é o Todo Poderoso e o melhor: nos ama e quer o nosso bem, seus pensamentos são de paz e não de mal a nosso respeito, nosso futuro está seguro em suas mãos. **(Jeremias 29.11)**.

Ele cuida de você! Lance toda ansiedade e descanse!

"Lancem sobre ele todas as suas ansiedades, porque ele cuida de vocês."

(1 Pedro 5.7)

Ame-o com todo o seu coração, alma, mente, forças **(Marcos 12.33)**, com inteireza, amor de verdade, que confia completamente, que lança fora todo medo **(1 João 4.18)**.

*"Porque Deus não nos deu espírito de covardia, mas de **poder**, de **amor** e de **moderação**."*

(2 Timóteo 1.7)

NO CORPO FÍSICO

*"Você encontrou mel? Coma apenas o **suficiente**, para que você não fique enjoado e venha a vomitá-lo."*
(Provérbios 25.16)

Glutonaria também é pecado! Quem nunca se entupiu de chocolate que atire a primeira pedra?! As mulheres na TPM então... Mas precisamos vigiar, cuidar de nosso corpo que é templo do Espírito Santo**(1 Coríntios 6.19)**.

Manter uma dieta equilibrada, não com metade comida e metade besteiras, como costumo brincar, mas sim priorizar a ingestão de frutas e legumes, enfim, dos alimentos criados por Deus para nossa saúde, com o menos de interferência possível, como os alimentos ultraprocessados para os "ultra-apressados", cheios de ingredientes estranhos que podem agradar ao paladar, mas serem nocivos ao corpo.

Podemos comer doces em geral, sim, mas apenas o suficiente... Beber "refri", só de vez em quando e não muito...

"Ora, as obras da carne são conhecidas e são: prostituição, impureza, lascívia, idolatria, feitiçarias, inimizades, porfias, ciúmes, iras, discórdias, dissensões, facções, invejas, bebedices, glutonarias e coisas semelhantes a estas, a respeito das quais eu

vos declaro, como já, outrora, vos preveni, que não herdarão o
reino de Deus os que tais coisas praticam."
(Gálatas 5.19-21, ARA)

"Porque o Reino de Deus não é comida nem bebida, mas justiça,
paz e alegria no Espírito Santo."
(Romanos 14.17)

Não podemos nos esquecer também de ir ao médico fazer os exames de rotina e fazermos exercícios físicos para não virarmos sedentários, falando nisto, lembremo-nos de beber água.

Dormir bem é fundamental e no período adequado. Procure dormir e acordar cedo, por um período de 7 h a 8 h por dia e verás mudanças boas no teu humor e ânimo.

"Em paz me deito e logo pego no sono, porque só tu, Senhor, me
fazes repousar seguro."
(Salmos 4.8)

Prevenir é melhor que remediar! Expressão antiga e perfeita para muitos casos, aplica-se bem tratando do nosso corpo físico. Nos prevenimos de muitas doenças e ficamos mais dispostos cuidando de nossa alimentação, sono e aliando a isto a prática de exercícios físicos.

*"Pois **o exercício físico tem algum valor**, mas a piedade tem valor para tudo, porque tem a promessa da vida que agora é e da que há de vir."*

(1 Timóteo 4.8)

Por fim, mas não menos importante, devemos nos atentar também às nossas vestes.

*"Da mesma forma, que as mulheres, em **traje decente**, se enfeitem com **modéstia e bom senso**, não com tranças no cabelo, ouro, pérolas ou roupas caras, porém com boas obras, como convém a mulheres que professam ser piedosas."*

(1 Timóteo 2.9-10)

Muitas profissões são reconhecidas pelas roupas que lhe são características, um médico a serviço, por exemplo, costuma vestir-se com um traje branco.

Nossas vestes também nos representam e podem trazer honra ou desonra à nossa reputação...

Ainda mais devemos nos importar quando carregamos o nome de Jesus conosco, andar com decência, modéstia, de forma apropriada para cada ocasião, para que o nome dele seja glorificado até no nosso modo de vestir.

Sabemos que nosso Deus não olha aparência e sim o que está no profundo do coração, porém quando não há hipocrisia, nosso exterior deve refletir nosso interior.

Não precisamos andar uniformizados, homens de terno e gravata e mulheres de saias até os pés para demonstrar santificação, claro que se é doutrina de sua igreja, fazes bem em obedecer, contanto que não julgues os demais irmãos que não procedem assim; a verdadeira santidade é dizer não ao pecado, tornando-se "separado", propriedade exclusiva de Deus, comprado pelo preço de sangue de seu filho Jesus.

"Assim, pois, cada um de nós prestará contas de si mesmo diante de Deus. Portanto, deixemos de julgar uns aos outros. Pelo contrário, tomem a decisão de não pôr tropeço ou escândalo diante do irmão. Eu sei e estou persuadido, no Senhor Jesus, de que nada é impuro em si mesmo, a não ser para aquele que pensa que alguma coisa é impura; para esse é impura."

(Romanos 14.12-14)

Lembro que na minha adolescência, gostava muito da igreja que congregava desde a infância, porém lá não podia usar brincos, daí eu os levava escondidos para a escola, até que caí em si e vi que meu erro não era usar estas coisas que eu gostava e sim a desobediência, foi então que fui para outra igreja em que era permitido.

Porém, lembremos de que tudo nos é lícito, mas nem tudo nos convém(**1 Coríntios 10.23**), não usemos da liberdade para dar ocasião à carne(**Gálatas 5.13**). Somos livres mas não libertinos, não vivemos desregradamente, entregues aos prazeres, sem disciplina e moderação.

E a regra para se vestir conforme os padrões bíblicos em **1 Timóteo 2.9-10** é: decência, modéstia e bom senso.

Com a ajuda do dicionário Oxford Languages e do Priberam, resumo que devemos nos vestir conforme os padrões morais e éticos, de forma digna, respeitável, apropriada para a ocasião, sem exageros, sem ostentação (a verdadeira beleza não está no luxo), com prudência, juízo, de forma racional e equilibrada.

Nós mulheres principalmente, devemos ter um cuidado especial com nossas vestes, a fim de não contribuirmos para o pecado de alguns homens, levando os tais a cobiça e até ao adultério no coração.

Sejamos sedutoras para os nossos maridos em nossa privacidade, e ainda que você que está lendo, seja solteira, guarde-se para seu futuro esposo, caso pretendas se casar. Ande limpa, bonita, cheirosa, bem cuidada, mas não há necessidade de amostrar partes íntimas do teu corpo por aí, preze pela tua honra, decência e pelo teu corpo, onde o Espírito Santo faz ou pretende fazer morada.

Lembre-se de que tudo que fazemos com exagero, sem moderação, é prejudicial!

*"**Todo atleta em tudo se domina**; aqueles, para alcançar uma coroa corruptível; nós, porém, a incorruptível."*
(1 Coríntios 9.25)

NO FALAR

*"Quem **controla** as suas palavras possui conhecimento, e o sereno de espírito é inteligente.*
(Provérbios 17.27)

Chegamos a parte mais difícil: Frear a língua (eita bichinha acelerada), controlar as palavras, parece ser raridade ou mesmo impossível!

"Porque todos tropeçamos em muitas coisas. Se alguém não tropeça no falar, é um indivíduo perfeito, capaz de refrear também todo o corpo. Ora, se colocamos um freio na boca dos cavalos, para que nos obedeçam, também lhes dirigimos o corpo inteiro."

(Tiago 3.2-3)

Nem tudo precisamos falar, nem tudo é útil e mesmo quando é, precisamos usar as palavras com controle, não é pelo muito falar que ganharemos nossos ouvintes.

Meu pai gostava de recitar um ditado *"Quem fala mais, erra mais"* e podemos verificar no versículo abaixo a conformidade com a Palavra de Deus.

*"Quem fala **demais** acaba caindo em transgressão, mas quem **controla** a língua é sábio."*

(Provérbios 10.19)

Nosso falar precisa ser agradável, para dizer a verdade, não precisa ser desagradável, nem faltar com a educação, muito menos ofender alguém.

Nossa palavra precisa ter sabor, ser temperada, para ser digerida.... Já experimentou comida sem sal? É bem assim para quem nos ouve, quando falamos sem moderação, de forma desequilibrada, tanto em quantidade, quanto em qualidade, não desce bem.

*"Que a palavra dita por vocês seja sempre **agradável, temperada** com sal, para que saibam como devem responder a cada um."*

(Colossenses 4.6)

Outro ponto de atenção (preciso vigiar nisto) é que por vezes nos precipitamos, querendo adivinhar o que o outro vai falar, ou seja, falamos antes do tempo. Sei que há daqueles que dão voltas nas histórias, confesso que às vezes deixo a desejar na paciência, pois acredito que já sei onde querem chegar, mas a

Bíblia nos informa que responder antes de ouvir é tolice e vergonha.

*"Você viu alguém que é **precipitado** no falar? Há mais esperança para um tolo do que para ele."*

(Provérbios 29.20)

"Responder antes de ouvir é tolice e vergonha."
(Provérbios 18.13)

Quantos males, tristezas, angústias, rixas, apertos, dificuldades desnecessárias poderíamos evitar, se tão somente guardássemos nossa língua?!

*"Quem **guarda** a boca e a língua guarda a sua alma de muitas dificuldades."*
(Provérbios 21.23)

Outro ditado bem pertinente é *"Em boca fechada não entra mosca"*, quando não temos o que falar, o silêncio é a melhor opção e até demonstração de inteligência para quem nos observa.

*"Até o insensato, **quando se cala**, é tido por sábio; se fica de **boca fechada**, passa por inteligente."*
(Provérbios 17.28)

Há pessoas que até passam uma boa impressão com a aparência, porém quando abrem a boca perdem toda a elegância.

Quantas jovens bonitas, mas que perdem toda a classe no comportamento e nas palavras; de cada 10 que pronunciam, aproximadamente metade são palavrões ou palavras de baixo calão e 1/3 são gírias. É feio sabe, não combina, repense seu estilo, se for este seu caso, mesmo que ainda sejas adolescente.

"Como joia de ouro em focinho de porco, assim é a mulher formosa que não tem discrição."
(Provérbios 11.22, ARA)

Precisamos colocar um filtro em nossas bocas, que só deixe sair palavras limpas, úteis, boas para edificação e não para destruição.

*"Não saia da boca de vocês **nenhuma palavra suja**, mas **unicamente a que for boa para edificação**, conforme a*

necessidade, e, assim, transmita graça aos que ouvem.
E não entristeçam o Espírito Santo de Deus, no qual vocês foram
selados para o dia da redenção. ***Que não haja no meio de vocês***
qualquer amargura, indignação, ira, gritaria e blasfêmia, bem
como qualquer maldade. *Pelo contrário, sejam bondosos e*
compassivos uns para com os outros, perdoando uns aos outros,
como também Deus, em Cristo, perdoou vocês."

(Efésios 4.29-32)

Diante das emoções de raiva, ira, precisamos colocar filtro dobrado, vigiar ainda mais, controlar, saber lidar com estes sentimentos, tratá-los, administrá-los e não permitir que eles dominem nossas palavras e atitudes.

"Fiquem irados e não pequem. *Não deixem que o sol se ponha*
sobre a ira de vocês, nem deem lugar ao diabo."

(Efésios 4.26-27)

A ira é um sentimento humano e até divino (Jesus se irou contra os mercadores no templo e Deus Pai se ira também, mas não com facilidade, é longânimo e cheio de misericórdia).

Podemos ficar irados justamente diante de uma injustiça, limites ultrapassados, ou por outros motivos que analisados posteriormente, depois de "esfriarmos a cabeça", sejam até banais, na TPM (Tensão Pré-Menstrual) de muitas de nós mulheres, é bem comum.

O fato é que se irar é uma coisa, acontece automaticamente, pecar é outra, é decisão, escolha. Precisamos aprender a frear, antes que o "acidente" ocorra!

Quando teu "semáforo" interno estiver no "amarelo", pise no freio e pare, respire, reflita, antes de chegar ao "vermelho". Só volte a andar no "verde", entende?!

E quando enfim abrir a boca, que seja com brandura, você pode ter toda razão, mas perdê-la por não saber se expressar.

*"A resposta **branda** desvia o furor, mas a palavra dura suscita a ira. A língua dos sábios adorna o conhecimento, mas a boca dos insensatos derrama tolices."*

(Provérbios 15.1-2)

Gosto muito de uma frase que li num restaurante que eu gostava de almoçar *"Fale sempre com amor, se não puder, espere até que possa"*.

Deus pergunta ao profeta Jonas: *"Você acha que é **razoável** essa sua raiva?"* **(Jonas 4.4).**

Jonas age sem razoabilidade, de forma desproporcional, exagerada, não era pra aquilo tudo. E quantas vezes agimos assim, fazemos "tempestade em copo d'água", nos estressamos por qualquer motivo, reagimos exageradamente em situações, que por vezes, nem são de nossa competência.

Queremos ser pessoas rixosas, iracundas de **Provérbios 21.19** *"Melhor é morar numa terra deserta do que com a mulher briguenta e geniosa."* ou sábias que edificam as próprias casas e virtuosas como as descritas em **Provérbios 14.1 e Provérbios 31**?

Homens! Também se aplica a vocês!

NO AGIR

*"e o coração do sábio conhece **o tempo e o modo certo de agir**.*

Porque há um tempo e um modo para todo propósito"

(Eclesiastes 8.5b-6a)

Você pode ter toda razão, mas perdê-la por agir fora de hora e/ou de maneira errada.

A maneira certa de abordar alguém e de agir faz muita diferença!

Duas pessoas podem te falar a mesma coisa, sendo que uma gritando com raiva, para te ofender, acusar, apontar teu erro na frente de todo mundo e a outra, com brandura, paciência, amor, educação, te chama a parte, fala somente contigo, a fim de te corrigir... Quem agiu da melhor forma? Qual você prefere ouvir? Como gostarias de ser tratado?

Não é pelo muito falar que conseguimos ganhar, persuadir, mudar alguém, mas as nossas atitudes, comportamento e testemunho é que falam mais alto!

Não precisamos usar de gritarias e ameaças para ganhar discussões! Só afastamos pessoas e comprometemos nossa saúde mental, espiritual, física e relacionamentos agindo assim...

Precisamos entender que não é por força, nem por violência, mas o Espírito do Senhor é que transforma corações e muda situações! Precisamos com nosso livre arbítrio lhe dar espaço para agir, entregar-lhe a direção de nossas vidas, confiar que com ele no controle, tudo vai fluir bem....

"Ele prosseguiu e me disse: — Esta é a palavra do Senhor a Zorobabel:" Não por força nem por poder, mas pelo meu Espírito", diz o Senhor dos Exércitos."
(Zacarias 4.6)

Desenvolva a paciência, peça ajuda a Deus para dominar seus impulsos, seus sentimentos, emoções, seu espírito, não deixe que o comportamento dos outros ditem suas reações...

*"É melhor ter **paciência** do que ser herói de guerra; o que **domina o seu espírito** é melhor do que o que conquista uma cidade."*
(Provérbios 16.32)

Quer ter paz e ganhar muito mais? Então procure-a, promova-a, seja um pacificador, não entre em vãs discussões, não coloque "lenha na fogueira", faça tudo que depender de você, o possível, para viver em paz com Deus (o impossível ele já fez, Cristo deu a vida para isso), contigo mesmo e com os outros.

"Justificados, pois, mediante a fé, temos paz com Deus por meio do nosso Senhor Jesus Cristo,"

(Romanos 5.1)

"Se possível, no que depender de vocês, vivam em paz com todas as pessoas."

(Romanos 12.18)

Saber o tempo propício também é crucial!

Quando o cônjuge acaba de acordar, ou está com sono ou chega cansado do trabalho, por exemplo, não é hora de levantar questões, discutir a relação ou enchê-lo de informações. Deixe-o primeiramente tomar um fôlego, um banho, se alimentar, espere o tempo oportuno, a fim de conseguir a atenção que desejas.

"Tudo tem o seu tempo determinado, e há tempo para todo propósito debaixo do céu:"

(Eclesiastes 3.1)

Imagina, se bato de madrugada na porta da minha vizinha pra dizer em alto e bom tom "Deus te abençoe!".

Era para ser benção, né?! Mas não vai parecer a ela…

E se repito isso por vários dias? Vai pensar que estou zombando ou que estou com um parafuso a menos e levarei no mínimo um título de "chata", "irritante", "sem noção", "insuportável" e se ela for gentil, pode até me fazer um convite: "Querida, gostaria de tomar um "chá de semancol"?!".

Quem for da minha época de adolescente, deve ter ouvido falar deste chá e talvez já tenha até tomado!

*"Se alguém bendiz o seu vizinho em **alta voz, logo de manhã, a sua bênção soará como maldição**. A goteira contínua num dia chuvoso e a esposa briguenta são semelhantes; contê-la seria conter o vento, seria pegar o óleo com a mão."*

(Provérbios 27.14-16)

NA VIDA FAMILIAR

"Esposas, que cada uma de vocês se sujeite a seu próprio marido, como ao Senhor; porque o marido é o cabeça da esposa, como também Cristo é o cabeça da igreja, sendo ele próprio o salvador do corpo. Como, porém, a igreja está sujeita a Cristo, assim também a esposa se sujeite em tudo ao seu próprio marido. Maridos, que cada um de vocês ame a sua esposa, como também Cristo amou a igreja e se entregou por ela,"
(Efésios 5.22-25)

Confesso que custei a entender esta parte da Bíblia que nós mulheres devemos nos sujeitar aos nossos maridos.

Eu tinha mania de independência, cresci com minha mãe "cantando de galo", mas meu pai cantava também, então, por vezes, tinha disputa de quem cantava mais alto, e ela sempre me dizia: Filha, não dependa de homem nenhum!

Até que um dia, um pastor, fazendo a cerimônia de um casamento explicou e eu consegui entender, aceitar e até apreciar. Ele apontou que a parte mais difícil é a do homem, que deve amar a ponto de se entregar pela mulher, como Cristo fez pela igreja!

A parte da mulher realmente é mais simples, basta se submeter a liderança, respeitar o marido (desde que as decisões dele não desrespeite a Deus, a ela e ao próximo). Devemos ser suas auxiliadoras idôneas, conselheiras…

Aqui em casa, no geral, tomamos decisões em conjunto e algumas áreas, até ficam sob minha gestão, como a financeira, devido ao meu chamado e conhecimento que adquiri; meu marido não se preocupa quanto a isto, confia em mim. Porém, se discordarmos em algo, mesmo depois de discutirmos a situação, ouvirmos o ponto de vista de cada um e ainda assim não chegarmos a um denominador comum, preciso ceder e deixar que prevaleça a decisão dele, ele é o líder da casa, estabelecido por Deus, ainda que esteja sujeito a errar muitas vezes, como eu.

De fato, para mim não é tão difícil assim, meu marido é um pastor temente a Deus, chamado por ele desde criança, um excelente esposo e pai, provedor, amoroso e ajudador, desempenha bem seu papel! Ah, maravilhoso o dia, que pedi a Deus de aniversário um namorado e ele me deu meu companheiro pra vida toda, eu não poderia escolher melhor, ainda bem que deixei meu Pai do Céu fazer isto por mim!

Sei que algumas mulheres ao lerem meu livro pensarão: "Ah, pra você é fácil! Mas pra mim, não! Você não conhece meu marido!…".

Amada, consigo ter uma noção de sua dor, realmente fica difícil se sujeitar a quem não sabe amar direito, a quem não aprendeu com Cristo e se realmente a vida do seu marido segue na contramão da vontade de Deus, você é livre para com sabedoria, discordar de seu esposo e obedecer a Deus, cuja vontade é boa, perfeita e agradável.

"Então Pedro e os demais apóstolos afirmaram: — É mais importante obedecer a Deus do que aos homens."
(Atos 5.29)

Você não deve compactuar com o pecado, como Safira entrou em acordo com seu marido para mentir e ambos pereceram.

"Então Pedro disse: — Por que vocês entraram em acordo para tentar o Espírito do Senhor? Eis aí à porta os pés dos que sepultaram o seu marido, e eles levarão você também. No mesmo instante, ela caiu aos pés de Pedro e morreu. Entrando os moços, viram que ela estava morta e, levando-a, sepultaram-na ao lado do marido."
(Atos 5.9-10)

Sabemos que Deus odeia o divórcio! Agora que já casastes, lute pelo teu casamento e pelo teu cônjuge! Peça socorro a Deus, ore intensamente e faça tudo que estiver ao teu alcance, mas há limites, você não pode ficar vivendo sob violência, ameaças e traições.

"Aos casados, ordeno, não eu, mas o Senhor, que a mulher não se separe do marido. Mas, se ela se separar, que não se case de novo ou que se reconcilie com o seu marido. E que o marido não se divorcie da sua esposa. Aos outros, digo eu, não o Senhor: se algum irmão estiver casado com uma mulher não crente, e esta concorda em morar com ele, não se divorcie dela. E se uma mulher estiver casada com um homem não crente, e este concorda em viver com ela, que ela não se divorcie do marido. Porque o marido não crente é santificado no convívio da esposa, e a esposa não crente é santificada no convívio do marido crente. Se não fosse assim, os filhos de vocês seriam impuros; porém, agora, são santos. Mas, se o não crente quiser separar-se, que se separe. Em tais casos, não fica sujeito à servidão nem o irmão, nem a irmã; Deus chamou vocês para viverem em paz."
(1 Coríntios 7.10-15)

Por vezes, somente se aquietar, sair da frente, para Deus tomar a direção, sossegar tua alma e palavras, serão suficientes!

"Igualmente vocês, esposas, estejam sujeitas, cada uma a seu próprio marido, para que, se ele ainda não obedece à palavra, **seja ganho sem palavra alguma, por meio da conduta** *de sua esposa, ao* **observar o comportamento honesto e cheio de temor** *que vocês têm. Que a beleza de vocês não seja exterior, como tranças nos cabelos, joias de ouro e vestidos finos, mas que ela esteja no ser interior, uma beleza permanente de* **um espírito manso e tranquilo, que é de grande valor diante de Deus."**

(1 Pedro 3.1-4)

O marido deve cuidar muito bem da esposa, protegê-la, não abusar da autoridade que lhe foi confiada. Ser um líder servidor, assim como Cristo, sendo Senhor, se fez servo! Com Jesus as coisas funcionam diferentes, quem quiser ser o maior, deve servir a todos!

Ciente dos meus direitos, falo para o meu marido: "Está disposto a morrer por mim?". Certo dia o tranquei no banheiro com uma barata e falei: "Não quero saber, só sai daí com o cadáver dela, tem que me defender!". Ele ficou em apuros: "Pega o Raid! Pega o Raid!"

"Assim também o marido deve amar a sua esposa como ama o próprio corpo. Quem ama a esposa ama a si mesmo. Porque

ninguém jamais odiou o seu próprio corpo. Ao contrário, o
alimenta e cuida dele, como também Cristo faz com a igreja;
porque somos membros do seu corpo."
(Efésios 5.28-30)

O principal mandamento nos diz para amarmos a Deus acima de tudo e o segundo para amarmos nosso próximo como a nós mesmos.... Quem mais próximo que o nosso cônjuge, com o qual fomos feitos uma só carne?

"Eis por que" o homem deixará o seu pai e a sua mãe e se unirá à
sua mulher, tornando-se os dois uma só carne".”
(Efésios 5.31)

*"No entanto, também quanto a vocês, que cada um **ame** a própria*
*esposa **como a si mesmo**, e que a esposa **respeite** o seu marido."*
(Efésios 5.33)

E quanto a vida íntima do casal?

"Maridos, vocês, igualmente, vivam a vida comum do lar com
discernimento**, dando **honra à esposa**, por ser a parte mais **frágil

e por ser coerdeira da mesma graça da vida. Agindo assim, as orações de vocês não serão interrompidas."

(1 Pedro 3.7)

Somos diferentes e precisamos respeitar isto. A Bíblia orienta o marido a honrar a mulher, agir com discernimento, sabedoria, entendendo que ela é mais frágil, mais sensível (sabemos que os homens não passam pela tal da TPM – Tensão Pré-Menstrual, mas devem compreender as mulheres, respeitar o período que muitas de nós ficamos de mau humor, irritadas, chorosas…).

*"Que o marido conceda à esposa o que lhe é devido, e também, de igual modo, a esposa, ao seu marido. A esposa não tem poder sobre o seu próprio corpo, e sim o marido; e também, de igual modo, o marido não tem poder sobre o seu próprio corpo, e sim a esposa. **Não se privem um ao outro**, a não ser talvez por mútuo consentimento, por algum tempo, para se dedicarem à oração. Depois, **retomem a vida conjugal, para que Satanás não tente vocês por não terem domínio próprio.**"*

(1 Coríntios 7.3-5)

Mulheres, este negócio de castigar o marido deixando-o uma semana "sem", sem um bom motivo, não convém! Ele precisa e você também, não facilite para Satanás tentar vocês!

*"Seja bendito o seu manancial, e **alegre-se** com a mulher da sua mocidade, corça amorosa e gazela graciosa. Que os seios dela **saciem** você em todo o tempo; **embriague-se sempre com as suas carícias."***

(Provérbios 5.18-19)

A "embriaguez" neste sentido é até recomendada na Bíblia (sem virar vício, tem que haver carinho, amor, respeito).

E se você que está lendo é solteiro?! Faz muito bem, até melhor do que quem casa **(1 Coríntios 7.38)**. Ninguém é obrigado a casar...

Já considerei e falei uma vez para meu esposo: Olha, se o tempo voltasse e eu tivesse que me casar, com certeza seria com você novamente... Porém, pensaria na possibilidade de ficar solteira...

Os solteiros têm suas vantagens, conseguem servir mais ao Senhor, não precisam dar satisfação a ninguém (claro que a Deus sempre, aos pais dependendo da idade e também quando se vive debaixo do teto deles, ao chefe...), mas no geral, desfrutam de maior liberdade e tempo que os casados.

Porém, para quem não consegue se conter, deseja ter uma vida sexual ativa, a Palavra de Deus é clara: Casem-se! Ela não mudou, fornicação ainda é pecado!

*"Mas, **se não conseguem se dominar, que se casem**; porque é melhor casar do que arder em desejos."*

(1 Coríntios 7.9)

Nas Escrituras, encontramos orientações para todos nossos relacionamentos, especialmente os familiares. Os filhos devem obediência e honra aos pais....

"Filhos, obedeçam a seus pais no Senhor, pois isto é justo.
"Honre o seu pai e a sua mãe", que é o primeiro mandamento com promessa, "para que tudo corra bem com você, e você tenha uma longa vida sobre a terra". *" (Efésios 6.1-3)*

....E os pais não devem ser irritantes para com seus filhos, mas não podemos faltar com as correções necessárias e elogios também!

*"E vocês, **pais, não provoquem os seus filhos à ira**, mas tratem de criá-los na disciplina e na admoestação do Senhor."*
(Efésios 6.4)

Sabemos que os filhos são diferentes (quem tem mais de um ou tem irmão sabe). Para alguns, basta falar apenas uma vez, obedecem de primeira, já com outros, é preciso repetir e há daqueles nos quais é necessário aplicar "um puxãozinho de orelha", "um chinelinho na bubuda" ou "uma semana sem os joguinhos ou smartphone"; depende da idade, situação e comportamento do seu filho, que são variáveis ao longo do tempo.

Todavia, a Bíblia vai nos ensinar que a moderação também é necessária para correção, não podemos nos omitir, mas não podemos nos exceder.

*"**Corrija** o seu filho, enquanto há esperança, **mas não se exceda** a ponto de matá-lo."*
(Provérbios 19.18)

Corrija com amor, para endireitar, não com raiva, para machucar! Ensine pelo exemplo, não aponte apenas o caminho, ande nele e tenha a consciência tranquila que estás fazendo a tua parte, não delegou a outro a responsabilidade que te foi confiada por Deus de educar teu filho!

*"**Ensine** a criança no caminho em que deve andar, e ainda quando for velho não se desviará dele."*
(Provérbios 22.6)

Cuide dos seus, ore por eles, peça a Deus que nenhum deles se vá, sem a salvação de suas almas…. Ajude no que puder, quando possível, visite ou ao menos ligue ou mande mensagem….

*"Se alguém não tem **cuidado dos seus** e, especialmente, dos da própria casa, esse negou a fé e é pior do que o descrente."*
(1 Timóteo 5.8)

Claro que devemos fazer conforme as nossas forças e capacidade, não além delas, levando em conta nossa rotina e as deles, mas devemos nos importar com a nossa parentela!

*"Tudo o que vier às suas mãos para fazer, **faça-o conforme as suas forças**, porque na sepultura, que é para onde você vai, não há*

obra, nem projetos, nem conhecimento, nem sabedoria alguma."

(Eclesiastes 9.10)

NO "EU"

"Porque, pela graça que me foi dada, digo a cada um de vocês que **não pense de si mesmo além do que convém**. *Pelo contrário,* **pense com moderação**, *segundo a medida da fé que Deus repartiu a cada um."*

(Romanos 12.3)

Não pense de si mesmo mais do que convém! Não dê lugar à soberba, mas a humildade e a moderação.

"Comer muito mel não é bom; assim, **procurar a própria honra não é honra."**

(Provérbios 25.27)

Não é sábio viver se gabando, buscando a própria honra, é até vergonhoso.... Quem é alguma coisa, não tem necessidade de falar, conhece o valor que tem para Deus e suas obras falam por ele, seus frutos são reconhecidos pelas demais pessoas.

Gosto muito do exemplo do centurião romano que envia alguns anciãos dos judeus até Jesus, para pedir a cura do seu servo.

As pessoas que conheciam aquele homem de alto nível, que tinha a seu cargo provavelmente 100 soldados, suplicaram o favor de Jesus, informando que o tal era digno, reconhecido por seu caráter, amizade e obras.

*"E o servo de um centurião, a quem este muito estimava, estava doente, quase à morte. Tendo ouvido falar a respeito de Jesus, enviou-lhe alguns anciãos dos judeus, pedindo-lhe que viesse curar o seu servo. Estes, chegando-se a Jesus, com instância lhe suplicaram, dizendo: **Ele é digno de que lhe faças isto**; porque é amigo do nosso povo, e ele mesmo nos edificou a sinagoga."*

(Lucas 7.2-5, ARA)

Porém, aquele líder, grande por fora, mas humilde por dentro, reconhecia que não era digno da presença do mestre em sua casa e pede que Cristo envie apenas uma palavra para que seu servo fosse curado...

*"Então, Jesus foi com eles. E, já perto da casa, o centurião enviou-lhe amigos para lhe dizer: **Senhor, não te incomodes, porque não sou digno de que entres em minha casa.** Por isso, **eu mesmo não me julguei digno de ir ter contigo**; porém manda com*

uma palavra, e o meu rapaz será curado."
(Lucas 7.6-7, ARA)

Ele reconhecia sua própria posição de obediência e também de autoridade, ele sabia obedecer e mandar... Ora, se ele se sujeitava aos seus superiores e seus soldados respeitavam suas ordens, mais ainda acreditava que bastava uma palavra de Jesus, que tem todo poder no céu, no mar, na terra e até debaixo dela, para que seu servo fosse sarado daquela enfermidade.

*"**Porque também eu sou homem sujeito à autoridade, e tenho soldados às minhas ordens**, e digo a este: vai, e ele vai; e a outro: vem, e ele vem; e ao meu servo: faze isto, e ele o faz."*
(Lucas 7.8, ARA)

Que humildade! Que fé! Foi digna de admiração até pelo Senhor!

*"Ouvidas estas palavras, **admirou-se Jesus dele** e, voltando-se para o povo que o acompanhava, disse: Afirmo-vos que nem mesmo em Israel achei fé como esta. E, voltando para casa os que foram enviados, encontraram curado o servo."*
(Lucas 7.9-10, ARA)

Certa feita, Jesus ensinou uma lição maravilhosa de etiqueta, na verdade, muito mais que isso: Humildade!

"Reparando como os convidados escolhiam os primeiros lugares, Jesus contou-lhes uma parábola: — Quando alguém convidá-lo para um casamento, não sente no lugar de honra, pois pode haver um convidado mais importante do que você. Então aquele que convidou os dois dirá a você: "Dê o lugar a este aqui." Então você irá, envergonhado, ocupar o último lugar. Pelo contrário, quando alguém convidá-lo, vá sentar no último lugar, para que, quando vier aquele que o convidou, diga a você: "Amigo, venha sentar num lugar melhor." Isso será uma honra para você diante dos demais convidados. Porque todo o que se exalta será humilhado; e o que se humilha será exaltado."

(Lucas 14.7-11)

Na parábola do fariseu e do publicano, contada por Jesus, repare que o primeiro parecia agradecer a Deus, mas, na verdade, ele se achava auto suficiente, tão justo, tão superior aos outros que orava para si mesmo, cheio de vanglória. Já o segundo, reconheceu sua falibilidade, implorou pela misericórdia divina e foi este e não aquele, que teve sua oração aceita por Deus e saiu em paz, justificado, perdoado.

*"Jesus também contou esta parábola para alguns que confiavam em si mesmos, por se considerarem justos, e desprezavam os outros: — Dois homens foram ao templo para orar: um era fariseu e o outro era publicano. O fariseu ficou em pé e orava de si para si mesmo, desta forma: "Ó Deus, graças te dou porque **não sou como os demais homens**, roubadores, injustos e adúlteros, nem ainda como este publicano. Jejuo duas vezes por semana e dou o dízimo de tudo o que ganho." O **publicano**, estando em pé, longe, nem mesmo ousava levantar os olhos para o céu, mas batia no peito, dizendo: **"Ó Deus, tem pena de mim, que sou pecador!"** Digo a vocês que este desceu justificado para a sua casa, e não aquele. Porque **todo o que se exalta será humilhado; mas o que se humilha será exaltado."***
(Lucas 18.9-14)

Devemos reconhecer a pequenez do "eu" e do "você", nossa total dependência do grande "EU SOU" **(Êxodo 3.14)**!

Nossa vida deve ser para glorificar a ele e não a nós mesmos!

"O orgulho do ser humano o abaterá, mas o humilde de espírito obterá honra."
(Provérbios 29.23)

"Deus resiste aos soberbos, mas dá graça aos humildes."
(Tiago 4.6b)

O único "orgulho" aceitável para Deus é o descrito no versículo 24 de Jeremias 9:

*"— Assim diz o Senhor: Não se glorie o sábio na sua sabedoria, nem o forte, na sua força, nem o rico, nas suas riquezas. **Mas aquele que se gloria, glorie-se nisto: em me conhecer e saber que eu sou o Senhor e faço misericórdia, juízo e justiça na terra**; porque destas coisas me agrado, diz o Senhor."*
(Jeremias 9.23-24)

É péssimo dar lugar a soberba, mas também não é bom ter complexo de inferioridade.

Podemos ouvir de tudo, críticas, elogios, mas procurar reter apenas o que for útil, bom para edificação e no final das contas o que mais importa não é o que as pessoas dizem a nosso respeito, nem nossos próprios pensamentos, que variam com frequência.

Nós que recebemos Jesus Cristo, somos de fato, o que o Pai que nos criou e sua Palavra diz a nosso respeito...

....Então com toda humildade, conforme a pura e verdadeira Palavra de Deus, listo uma parte aqui do que sou e você também, ou caso ainda não sejas, podes ser, a escolha é sua: filhos de Deus **(João 1.12)**, filhos amados **(Efésios 5.1)**, mais que vencedores **(Romanos 8.37)**, geração eleita, sacerdócio real, nação santa, povo de propriedade exclusiva de Deus **(1 Pedro 2.9)**...

....E ao mesmo tempo, vasos simples de barro, moldados e usados conforme a vontade do oleiro, nosso Criador, a quem sejam dados toda honra e toda glória.

"Temos, porém, este tesouro em vasos de barro, para que se veja que a excelência do poder provém de Deus, não de nós.
(2 Coríntios 4.7)

Na escola aprendemos os pronomes pessoais "eu, tu, ele...", mas na Palavra de Deus, somos ensinados a inverter a ordem "Ele, tu, eu...".

"Não façam nada por interesse pessoal ou vaidade, mas por humildade, cada um considerando os outros superiores a si mesmo, não tendo em vista somente os seus próprios interesses, mas também os dos outros."
(Filipenses 2.3-4)

E nosso maior exemplo de serviço, humildade, liderança servidora, é ele, que sendo Senhor, tornou-se servo!

"Tenham entre vocês o mesmo modo de pensar de Cristo Jesus, que, mesmo existindo na forma de Deus, não considerou o ser igual a Deus algo que deveria ser retido a qualquer custo. Pelo contrário, ele se esvaziou, assumindo a forma de servo, tornando-se semelhante aos seres humanos. E, reconhecido em figura humana, ele se humilhou, tornando-se obediente até a morte, e morte de cruz. Por isso também Deus o exaltou sobremaneira e lhe deu o nome que está acima de todo nome, para que ao nome de Jesus se dobre todo joelho, nos céus, na terra e debaixo da terra, e toda língua confesse que Jesus Cristo é Senhor, para glória de Deus Pai."
(Filipenses 2.5-11)

NAS AMIZADES

*"**Não seja frequente** na casa do seu próximo, para que ele não se canse de você e passe a detestá-lo."*

(Provérbios 25.17)

Ter amigos é bom, saudável e necessário, porém, até nas amizades é preciso ter equilíbrio, moderação.

Não viva na casa dos seus amigos(as), nem permita que eles vivam na sua, ainda mais quando se é casado, ou mesmo que more com os pais ou outros parentes.

Ainda que a visita seja agradável, ela pode deixar de ser quando não se é convidada, ou quando se tira a privacidade de um ou mais habitantes da casa.

A Palavra de Deus até para isso nos aconselha: *"Não seja frequente na casa do seu próximo"*!

Espere o convite para ir, não se ofereça, nem chegue de surpresa(salvo exceções), não se alongue por demais, precisando que te convidem a sair. Assim, sua visita será desejada, querida, oportuna e não cansativa, detestada.

A amizade é importante para você? Então não corra o risco de perdê-la sufocando-a desta maneira e trazendo problemas para os familiares que residem com ela.

Para ser presente, não precisa ser frequente!

Jesus contou uma parábola bem interessante do amigo inoportuno.

*"Jesus disse ainda: — Se um de vocês tiver um amigo e for procurá-lo à meia-noite, dizendo:" Amigo, me empreste três pães, porque outro amigo meu chegou de viagem e eu não tenho nada para lhe oferecer"; e se o outro lhe responder lá de dentro: "Deixe-me em paz! A porta já está fechada, e eu e os meus filhos já estamos deitados. Não posso me levantar para lhe dar os pães", digo a vocês que, se ele não se levantar para dar esses pães por ser seu amigo, ele o fará por causa do **incômodo** e lhe dará tudo de que tiver necessidade. — Por isso, digo a vocês: Peçam e lhes será dado; busquem e acharão; batam, e a porta será aberta para vocês. Pois todo o que pede recebe; o que busca encontra; e a quem bate, a porta será aberta."*
(Lucas 11.5-10)

Que amigo inoportuno! A definição de "inoportuno" no Oxford Languages é perfeita para descrever:

1. Que não é oportuno, que sobrevém num mau momento, numa ocasião imprópria; inconveniente, intempestivo.

2. Que ou aquele que intervém de forma despropositada, deslocada, intempestiva.

O amigo bate na casa do outro à meia-noite e perturba, incomoda, importuna toda a família!

Jesus ensina que ele conseguirá a ajuda que procurava, terá sua necessidade atendida, talvez não pela amizade, mas pelo incômodo!

Certamente, quando precisamos ou queremos muito algo, às vezes, é necessário sermos insistentes, persistentes e até incômodos a outros, porém, não deixe que as exceções virem regras, tornando-se uma pessoa inoportuna evitada por muitos.

NO TRABALHO E LAZER

*"E ele lhes disse: — **Venham repousar um pouco**, à parte, num lugar deserto. Isto porque **eles não tinham tempo nem para comer**, visto serem muitos os que iam e vinham."*
(Marcos 6.31)

Jesus ciente da necessidade que temos de descansar, chamou seus discípulos para repousar, pois o trabalho era tanto, que eles não tinham tempo nem para comer.

Precisamos de equilíbrio na relação trabalho x descanso/lazer.

Não podemos ser preguiçosos, mas também não devemos ser "workaholics" (viciados em trabalho).

É fato que a preguiça leva a miséria, como descrito nos versos abaixo:

"Ao contemplar aquilo, eu fiquei pensando; olhei, e tirei a seguinte lição: Um pouco de sono, um breve cochilo, braços cruzados para descansar, e a sua pobreza virá como um ladrão, a miséria atacará como um homem armado."

(Provérbios 24.32-34)

Porém, do que adianta ganhar dinheiro e nem ter tempo para gastar? Trabalhar, sem poder desfrutar? Vender sua saúde e todo se tempo e de sua família? Isto é ser escravo do trabalho….

"Se o Senhor não edificar a casa, em vão trabalham os que a edificam. Se o Senhor não guardar a cidade, em vão vigia a sentinela. Será inútil levantar de madrugada, dormir tarde, comer o pão que conseguiram com tanto esforço; aos seus amados ele o dá enquanto dormem."
(Salmos 127.1-2)

No meu livro *"Cansado de Arroz Queimado"*, tópico *"Tempo é Dinheiro?"*, informo que cheguei a conclusão que para mim e minha família, tempo é mais precioso, ele que vale mais!

Veja se você se identifica com uma das personagens da seguinte história, ou até com ambas, como eu (vivo em conflito):

*"Quando eles seguiam viagem, Jesus entrou numa aldeia. E certa mulher, chamada Marta, hospedou-o na sua casa. Marta tinha uma irmã, chamada **Maria**, que, assentada aos pés do Senhor, ouvia o seu ensino. **Marta** agitava-se de um lado para outro, ocupada em muitos serviços. Então se aproximou de Jesus e disse:*
— O Senhor não se importa com o fato de minha irmã ter deixado

que eu fique sozinha para servir? Diga-lhe que venha me ajudar.
Mas o Senhor respondeu: — Marta! Marta! Você anda inquieta e
se preocupa com muitas coisas, mas apenas uma é necessária.
Maria escolheu a boa parte, e esta não lhe será tirada."

(Lucas 10.38-42)

Marta, com a visita ilustre de Jesus em sua casa, em vez de desfrutar de sua presença, ficou correndo de um lado para o outro, ocupada com muitos serviços, atarefada, afadigada, querendo dar conta de tudo, trabalhando para Jesus, mas não com ele, sem tempo para desfrutar do melhor, como Maria, que se aquietou, se aconchegou aos pés de Jesus, recebendo seus ensinamentos e descansando sua alma.

Não inverta as prioridades e saiba que ele mesmo te dará forças, te ajudará e nada irá te faltar. Busque primeiro o Reino de Deus e a sua justiça e as demais coisas te serão acrescentadas **(Mateus 6.33)**.

Tenho experiência de vida com as características desta duas personagens bíblicas que andam juntas, afinal são irmãs e vivem brigando dentro de mim.

Conto no meu 4º livro *"Cansado de Arroz Queimado"*, tópico *"Correndo Atrás do Vento"*, que *a "Marta" dentro de mim não para, fala que preciso lavar a louça, arrumar a casa, ela não dá folga, não me deixa quieta e a "Maria" diz que o mais importante é adorar ao Senhor, descansar a alma aos pés dele, o restante pode esperar e ele mesmo me ajudará a dar conta.*

Confesso que por vezes a "Marta" grita mais alto no meu ouvido e a obedeço ofegante, na correria de um lado para o outro e por mais que eu faça, nunca parece ser suficiente, fico ansiosa e frustrada.

Todavia, quando em meio aos gritos de "Marta", paro tudo, escolho ouvir "Maria", sussurrando baixinho "venha louvar, adorar, se lançar aos pés do Senhor", sou mais feliz! Recebo força do alto, descanso minha alma e ainda consigo dar conta do que preciso para o dia. (AIETA Débora, 2022)

Trabalhe sim, mas com propósito e conforme as tuas forças, não além delas….

"Tudo o que vier às suas mãos para fazer, faça-o conforme as suas forças, *porque na sepultura, que é para onde você vai, não há obra, nem projetos, nem conhecimento, nem sabedoria alguma."*

(Eclesiastes 9.10)

Lembre-se de separar um tempo precioso, primeiramente para Deus e depois para você e os seus, priorize também seu descanso e lazer!

"Como saiu do ventre de sua mãe, a saber, nu, assim voltará, indo-se como veio; e do seu trabalho nada poderá levar consigo. Também isto é um grave mal: precisamente como veio, assim ele vai. E que proveito terá de haver trabalhado para o vento? Em todos os seus dias, comeu o seu pão nas trevas, com muito enfado, com enfermidades e indignação. Eis o que eu vi: **boa e bela coisa é comer e beber e desfrutar o que conseguiu de todo o seu trabalho, com que se afadigou debaixo do sol,** *durante os poucos dias da vida que Deus lhe deu; porque esta é a sua porção. Quanto àquele a quem Deus conferiu riquezas e bens e lhe deu* **poder para deles comer, receber a sua porção e desfrutar do seu trabalho, isto é dom de Deus**. *Porque não ficará pensando muito nos dias da sua vida, pois Deus lhe enche o coração de* **alegria**.*"*

(Eclesiastes 5.15-20)

O verdadeiro descanso, que traz paz ao nosso espírito, sossego às nossas almas, independentemente do cenário que estejamos vivendo, quer de pastos verdejantes ou de vale da sombra da morte, como descreve o **Salmo 23**, só a presença dele pode dar. Ficamos seguros e podemos descansar, quando temos certeza que ele está conosco!

"Deus respondeu: — A minha presença irá com você, e eu lhe darei descanso."

(Êxodo 33.14)

MODERAÇÃO FINANCEIRA

"Duas coisas te peço, ó Deus; não recuse o meu pedido, antes que eu morra: afasta de mim a falsidade e a mentira; não me dês nem a pobreza nem a riqueza; dá-me o pão que me for necessário, para não acontecer que, estando eu farto, te negue e diga:" Quem é o Senhor?" Ou que, empobrecido, venha a furtar e profane o nome de Deus."

(Provérbios 30.7-9)

Tem pessoas que não podem passar aperto financeiro, pois podem até pecar roubando e outras não podem ser ricas, pois darão lugar à soberba. Claro que o contrário também ocorre bastante, tem muita gente em extrema pobreza que é honesta e rico que é ladrão, como também rico humilde e pobre soberbo.

O autor de Provérbios 30.7-9 declara que no caso dele, a moderação financeira lhe cai bem, nem recursos de mais, nem de menos e acredito ser assim o caso da maioria das pessoas. Porém, há daquelas, que como o apóstolo Paulo, sabem lidar bem com qualquer situação, pois adquiriram experiência com o Altíssimo.

*"Digo isto, não porque esteja necessitado, porque **aprendi a viver contente em toda e qualquer situação**. Sei o que é passar necessidade e sei também o que é ter em abundância; **aprendi o segredo de toda e qualquer circunstância**, tanto de estar alimentado como de ter fome, tanto de ter em **abundância** como de passar **necessidade**. **Tudo posso naquele que me fortalece.**"*
(Filipenses 4.11-13)

Não há problema no dinheiro, e sim em amá-lo**(1 Timóteo 6.10).**

O homem louco da parábola de Jesus em **Lucas 12.16-21** e José, que foi de escravo a governador do Egito, cuja história é relatada nos últimos capítulos do livro de **Gênesis**, ambos ajuntaram em celeiros, porém àquele é tido por avarento, ambicioso, egoísta, só pensou nele, achava-se auto suficiente, confiou na abundância de seus bens. No entanto, José, reconhecia sua total dependência de Deus e com a revelação que teve do Alto, salvou sua família e a terra da fome.

Falo mais detalhadamente sobre isso no meu livro *"Degrau por Degrau Rumo à Independência Financeira"*, no degrau *"A Loucura e a Sabedoria"*, *"4º Passo: Nem todos podem ajuntar em celeiros. Pergunte-se: Para que propósito quero independência financeira?"*.(AIETA Débora, 2022)

Enquanto há pessoas avarentas, por outro lado, existem as consumistas, os extremos são perigosos. Estas nunca estão satisfeitas, sempre buscando algo para comprar, acham nas compras, um alívio paliativo, uma rota de fuga, para mascarar algum problema que estão enfrentando, mas não resolvem, não tratam na causa raiz. Outras apelam para a gula, doces em excesso ou até mesmo cigarro, bebidas e demais drogas.

"Por que vocês gastam o dinheiro naquilo que não é pão, e o seu suor, naquilo que não satisfaz? Ouçam com atenção o que eu digo, comam o que é bom e vocês irão saborear comidas deliciosas."

(Isaías 55.2)

Não precisamos de muito para sermos felizes! A verdadeira paz, alegria, equilíbrio, dinheiro não pode comprar, mas a presença de Deus concede gratuitamente. Ele conhece nossas necessidades e é capaz de suprir todas elas.

"De fato, grande fonte de lucro é a piedade com o contentamento. Porque nada trouxemos para o mundo, nem coisa alguma podemos levar dele. Tendo sustento e com que nos vestir, estejamos contentes."

(1 Timóteo 6.6-8)

No meu livro *"Cansado de Arroz Queimado"*, comento sobre o versículo acima, que ter o que comer e vestir, já é motivo suficiente para termos contentamento, vivermos alegres; imagina se ainda nos foi permitido ter um fogão e uma geladeira para nos auxiliar na administração dos alimentos e uma máquina de lavar roupas, para nos ajudar na gestão das vestes?! Somos ricos! Temos mais do que precisamos!

No meu livro *"Aprendendo Finanças com Deus"*, *aconselho a fazer, antes de qualquer compra, 4 perguntas e respondê-las com sinceridade: Preciso? Posso? Prioridade? Pesquisei? É a dica dos 4 P's! Somos "mulher polvo" para termos tantas bolsas ou "centopeia" para precisar de tantos sapatos?!* (AIETA Débora, 2017)

Muita tralha, atrapalha! Veja o que realmente você usa, o que te é útil, senão doa, vende ou joga fora!

*"A seguir, Jesus perguntou aos discípulos: — Quando eu os enviei sem bolsa, sem sacola e sem sandálias, por acaso faltou-lhes alguma coisa? Eles responderam: — **Não faltou nada!**"*

(Lucas 22.35)

Todavia, não pense que estou falando para vivermos numa zona de conforto, que às vezes nem confortável é, mas nos acostumamos com ela, vivendo como diz o pagodeiro *"deixa a vida me levar"*... De jeito nenhum! Precisamos ser bons mordomos, bons gerentes do que Deus nos confiou conforme a nossa capacidade, tanto na gestão de pessoas, talentos, tempo e recursos.

Deus espera que cuidemos com amor e sabedoria de nossas vidas e das pessoas que ele coloca sob nossa responsabilidade, como os filhos, por exemplo, e outras mais que ele quer que colaboremos.

Nossos talentos, tempo e recursos não devem ser desperdiçados ou enterrados, devem ser empregados e multiplicados para honra e glória dele, para ajudar pessoas, usados como ferramentas para cumprirmos o propósito maior que nos foi confiado nesta terra pelo nosso Senhor.

"— Pois será como um homem que, ausentando-se do país, ***chamou os seus servos e lhes confiou os seus bens.*** *A um deu cinco talentos, a outro deu dois e a outro deu um,* ***de acordo com a capacidade de cada um deles;*** *e então partiu. O servo que tinha recebido cinco talentos saiu imediatamente a negociar com eles e ganhou outros cinco. Do mesmo modo, o que tinha recebido dois ganhou outros dois. Mas o servo que tinha recebido um talento,*

*saindo, fez um buraco na terra e escondeu o dinheiro do seu senhor. — Depois de muito tempo, o senhor daqueles servos voltou e fez um ajuste de contas com eles. Aproximando-se o que tinha recebido cinco talentos, entregou outros cinco, dizendo: **"O senhor me confiou cinco talentos; eis aqui outros cinco que ganhei."** O senhor disse: **"Muito bem, servo bom e fiel; você foi fiel no pouco, sobre o muito o colocarei; venha participar da alegria do seu senhor."** — E, aproximando-se também o que tinha recebido dois talentos, disse: **"O senhor me confiou dois talentos; eis aqui outros dois que ganhei."** Então o senhor disse: **"Muito bem, servo bom e fiel; você foi fiel no pouco, sobre o muito o colocarei; venha participar da alegria do seu senhor."** — Chegando, por fim, o que tinha recebido um talento, disse: **"Sabendo que o senhor é um homem severo, que colhe onde não plantou e ajunta onde não espalhou, fiquei com medo e escondi o seu talento na terra; aqui está o que é seu."** Mas o senhor respondeu: **"Servo mau e preguiçoso! Você sabia que eu colho onde não plantei e ajunto onde não espalhei? Então você devia ter entregado o meu dinheiro aos banqueiros, e eu, ao voltar, receberia com juros o que é meu."** — "Portanto, tirem dele o talento e deem ao que tem dez. Porque a todo o que tem, mais será dado, e terá em abundância; mas ao que não tem, até o que tem lhe será tirado. Quanto ao **servo inútil**, lancem-no para fora, nas trevas. Ali haverá choro e ranger de dentes."''*

(Mateus 25.14-30)

Comento sobre esta parábola no meu livro *"Aprendendo Finanças com Deus"*, escrito em 2017, tópico *"Poupador não! Investidor"*, sendo este acrescentado em 2023.

Observe que o servo reprovado não parecia tão ruim, ele sequer gastou parte do que lhe foi confiado, guardou, poupou, enterrou! Mas Jesus o chama de mau, negligente (preguiçoso), inútil!

É isto que também fazemos com os recursos que nos foram confiados, quando simplesmente juntamos, deixamos dinheiro em casa, num cofrinho e até mesmo na caderneta de poupança ou em capitalização (só por conta de um sorteio de algum prêmio).

O fato é que quando deixamos o dinheiro simplesmente guardado, enterrado, parado ou até mesmo em algum investimento com rendimento inferior a inflação, estamos perdendo dinheiro. (AIETA Débora, 2017)

NA SOCIEDADE

---

*"Em Jope havia uma discípula chamada Tabita, nome este que, traduzido, é Dorcas. **Ela era notável pelas boas obras e esmolas que fazia.** Aconteceu que, naqueles dias, ela adoeceu e veio a morrer. Depois de a lavarem, puseram o corpo num quarto do andar superior. Como Lida ficava perto de Jope, os discípulos, ouvindo que Pedro estava ali, enviaram-lhe dois homens com o seguinte pedido: — Não se demore em vir até nós. Pedro se aprontou e foi com eles. Quando chegou lá, eles o levaram ao quarto do andar superior. **Todas as viúvas o cercaram, chorando e mostrando-lhe túnicas e vestidos que Dorcas tinha feito enquanto estava com elas.** Mas Pedro mandou que todos saíssem, ajoelhou-se e orou; depois, voltando-se para o corpo, disse: — Tabita, levante-se! Ela abriu os olhos e, vendo Pedro, sentou-se. Ele, dando-lhe a mão, ajudou-a a ficar em pé; e, chamando os santos, **especialmente as viúvas**, apresentou-a viva. Isto se tornou conhecido em toda a cidade de Jope, **e muitos creram no Senhor."***

(Atos 9.36-42)

Estamos inseridos em um contexto, fazemos parte da sociedade, somos chamados a ajudar uns aos outros e quando fazemos com amor, de coração, nos traz alegria, completa nossa essência.

Dorcas fez a diferença em sua comunidade, em especial para as viúvas daquele local, suas obras falavam por ela.

Quando morreu, fez tanta falta, que as viúvas choravam amostrando a Pedro (discípulo de Jesus), as roupas que Dorcas confeccionava com carinho para doar para elas. Ele orou em nome de Cristo, ela voltou a viver para glória de Deus e muitos por conta disto, creram no Senhor!

Em nossa igreja, temos um lindo trabalho de evangelismo para os moradores de rua, levamos oração, palavra, amor, abraços, quentinhas e roupas... O incrível é que sempre recebemos mais do que levamos, embora eles não possam nos pagar, Deus é quem nos retribui, voltamos transbordantes de paz, alegria, com a certeza de que parte de nossa missão está sendo cumprida.

"Quem se compadece do pobre empresta ao Senhor, e este lhe retribuirá o benefício."

(Provérbios 19.17)

Falamos sempre que todos podem ajudar, orando, doando roupas, alimentos, dinheiro para as compras dos itens. Outros doam seu tempo e cumprem seus chamados indo às ruas ou utilizam suas habilidades na cozinha para o preparo da refeição. Alguns vem para ajudar no que for preciso, lavar a louça, confeccionar as quentinhas, limpar; tudo importa, contanto que seja feito com amor para Deus e para o próximo, para que tenha valor.

Só podemos dar, ajudar, com o que temos, talvez nem sempre tenhamos recursos para doação, mas isto não nos impede de fazer o bem.

Veja o exemplo dos discípulos Pedro e João que não tinham nenhum metal precioso para oferecer ao homem coxo de nascença, que ficava à porta do templo, pedindo esmolas, porém, não negaram uma palavra de cura, com o poder e autoridade do nome de Jesus, cuja presença era notória na vida deles.

"Pedro, porém, lhe disse: — Não possuo nem prata nem ouro, mas o que tenho, isso lhe dou: em nome de Jesus Cristo, o Nazareno, levante-se e ande!"

(Atos 3.6)

Para uma vida de fato proveitosa e feliz, precisamos estar todos interligados: Ele, você e eu! Não deve ser apenas "eu", só terá sentido, só ficará completo, se formos "nós"! E tudo deve ser feito para glória dele!

Use os talentos e habilidades que ele te deu e os que você multiplicou, com ajuda, estudo e esforço, não somente para o seu bem e de sua família, mas para as pessoas ao seu redor e a sociedade em geral.

Faça a diferença nesta terra, onde você foi colocado estrategicamente, bem aí na sua parentela, vizinhança, local de trabalho, igreja e onde mais ele te levar....

PROPÓSITO

Propósito! Esta é a palavra-chave do sucesso para todas áreas de nossas vidas que tratamos nos tópicos anteriores.

Nossa vida espiritual, emocional, corpo físico, jeito de falar, atitudes, vida familiar, nosso "eu", amizades, vida profissional, lazer, finanças e nossa contribuição à sociedade, tudo deve ser feito, gerido, tratado, estar alinhado com nosso propósito maior, cooperando para realização dele.

*"Os teus olhos viram a minha substância ainda informe, e **no teu livro foram escritos todos os meus dias, cada um deles escrito e determinado, quando nem um deles ainda existia.**"*

(Salmos 139.16)

Fomos formados por Deus com um propósito e só nos sentiremos de fato realizados, quando o cumprirmos. Esteja atento ao "mapa", "revelações", "observações" e descubra o que o Criador escreveu no livro dele a teu respeito e empenhe-se para realizar cada pedacinho com alegria, vai fazer sentido, tenho certeza.

Deus te conhece desde o ventre materno, sabe tudo ao teu respeito e te concedeu dons e talentos especiais para fazer a diferença onde ele te colocar:

"A palavra do Senhor veio a mim, dizendo:" Antes de formá-lo no ventre materno, eu já o conhecia; e, antes de você nascer, eu o consagrei e constituí profeta às nações."

(Jeremias 1.4-5)

Gostei muito do devocional do dia 6 de dezembro, tema *"Vasculhe sua Mala"*, do livro *"Manancial meditações diárias"* que ganhei de presente de um pastor da Igreja Batista. Ele dizia para imaginarmos duas malas diferentes, para pessoas diferentes. Em uma tinha itens como casaco, cobertor, meia, luva e na outra, bermuda, chinelo, protetor solar... É perceptível que elas iriam para lugares diferentes, uma para um local onde fazia frio e outra para onde fazia calor...

O autor conclui que *"Deus não nos colocou no mundo a passeio. Somos parte de um projeto de redenção"*, nos orienta a vasculhar nossa "mala", feita pelo próprio Deus, para sabermos onde ele nos quer; vamos descobrindo com as "pistas" e servindo a ele e aos outros com o que temos de melhor.

Quero chegar ao final da minha jornada com a mesma certeza do apóstolo Paulo, declarada no versículo abaixo, e você?

"Combati o bom combate, completei a carreira, guardei a fé."

(2 Timóteo 4.7)

Uma vida equilibrada e com propósito é tudo que precisamos para vivermos bem, felizes, realizados!

AMOR EXAGERADO

*"Porque **Deus amou** o mundo **de tal maneira** que deu o seu Filho unigênito, para que todo o que nele crê não pereça, mas tenha a vida eterna."*

(João 3.16)

Exagerado! O amor de Deus por nós é exagerado!

Ele foi e é assim, de **tal maneira,** impossível de medir em nossas escalas. Excede toda nossa compreensão, quando nos permitimos senti-lo, nos constrange, sabemos que não fizemos nada para merecê-lo, pelo contrário, falhamos, erramos, desobedecemos, nos tornamos culpados, mas incondicionalmente ele nos amou e entregou seu melhor, seu Filho Jesus, para nos trazer de volta aos braços dele.

"Mas Deus prova o seu próprio amor para conosco pelo fato de Cristo ter morrido por nós quando ainda éramos pecadores."

(Romanos 5.8)

Se tivermos que exagerar em algo, sigamos seu exemplo, exageremos no amor! Somente aprendendo com ele, é possível perdoar verdadeiramente quem nos ofendeu, orar pelos que nos perseguem, amar incondicionalmente até os nossos inimigos...

"Eu, porém, lhes digo: amem os seus inimigos e orem pelos que perseguem vocês, para demonstrarem que são filhos do Pai de vocês, que está nos céus. Porque ele faz o seu sol nascer sobre maus e bons e vir chuvas sobre justos e injustos. Porque, se vocês amam aqueles que os amam, que recompensa terão? Os publicanos também não fazem o mesmo? E, se saudarem somente os seus irmãos, o que é que estão fazendo de mais? Os gentios também não fazem o mesmo? Portanto, sejam perfeitos como é perfeito o Pai de vocês, que está no céu."

(Mateus 5.44-48)

O maior amor que podemos compreender com nosso raciocínio humano é o amor de mãe, mas, ainda assim, o de Deus, está muito acima dele...

"Mas Sião diz:" O Senhor me abandonou, o Senhor se esqueceu de mim." *O Senhor responde: "Será que uma mulher pode se esquecer do filho que ainda mama, de maneira que não se compadeça do filho do seu ventre? Mas ainda que esta viesse a se esquecer dele, eu, porém, não me esquecerei de você. Eis que eu*

gravei você nas palmas das minhas mãos; as suas muralhas estão continuamente diante de mim."

(Isaías 49.14-16)

Se porventura, seu cônjuge, filho(a), seu pai ou sua própria mãe não souberam ou não sabem te amar direito, perdoe-os, eles não sabiam ou não sabem o que é amor e talvez nem você o saiba...

Não espere encontrar sua felicidade e sua história de amor-perfeito nos outros... Trago ao seu conhecimento, que na verdade, ela já existe, basta você se entregar aquele que pagou um alto preço por você, preço de sangue, porque o Pai te amou de tal maneira...

Exagerado este amor! Não despreze! Entregue-se, permita-se, é tudo que você precisa para se sentir aceito, amado, especial, feliz de verdade, você não vai se decepcionar!

Ame e seja amado! Perdoe e seja perdoado! Solte e seja livre! Receba este amor exagerado!

O EQUILÍBRIO QUE VOCÊ BUSCA
AO SEU ALCANCE

O equilíbrio de forma sustentável, em sua totalidade e abrangente a todas as áreas de nossas vidas, não conseguimos alcançar de forma verdadeira somente com nosso esforço próprio, precisamos de ajuda do alto e ela está disponível de forma gratuita para quem quiser.

*"Mas o **fruto do Espírito** é: amor, alegria, paz, longanimidade, benignidade, bondade, fidelidade, mansidão, **domínio próprio**. Contra estas coisas não há lei. E os que são de Cristo Jesus crucificaram a carne, com as suas paixões e os seus desejos. Se vivemos no Espírito, andemos também no Espírito."*

(Gálatas 5.22-25)

Esta maravilha não está em nós, em nossa natureza humana e falha, mas está disponível, ao nosso alcance, quando deixamos que o Espírito de Deus faça morada em nós.

"A chave para conseguir o domínio próprio está em entregar o controle do" eu" ao governo do Espírito Santo."

Rhonda H. Kelley (A Bíblia da Mulher: leitura, devocional, estudo Sociedade Bíblica do Brasil, página 1733)

A semente é plantada em nossos corações e com nosso cuidar e ajuda sobrenatural dele, ela vai crescendo, se desenvolvendo, dia após dia. É um processo, começa com a raiz dentro da terra(interior), mas com o tempo se torna uma árvore notória(exterior), com estrutura para suportar as adversidades e com este fruto completo capaz de nos prover vida abundante.

Desde que recebemos Cristo em nossas vidas, o Espírito Santo de Deus começa a fazer morada em nós e começamos a desenvolver o fruto do Espírito, sendo um de seus "gomos" o "domínio próprio"... O equilíbrio está ao nosso alcance! Não por dinheiro, mérito, inteligência, mas de graça, para quem quiser, mas, por vezes, nos é necessário "largar coisas", para seguirmos com ele...

Será necessário abrir mão de sua vontade, quando não for compatível com a de Deus, que é sempre boa, perfeita e agradável... Outras vezes, será preciso abrir mão de "ter direito", em troca do amor, outras, de "ter razão", a fim de manter a paz...

Quando caímos nos excessos, nos entregamos aos exageros, geralmente é porque não resolvemos nossos problemas, frustrações, ansiedades, medos, irritações, atuando na causa raiz, conversando com Deus e com pessoas (quando for o caso), não pedimos sabedoria do alto, não buscamos orientação... Ao invés disto, recorremos a alívios paliativos e alguns até se entregam a vícios para tentar fugir de situações.

Alguns recorrem a bebidas, cigarros, drogas, mas nem por isso, outros que não o fazem, são tão melhores. Com raiva, por vezes, gritamos, ofendemos, falamos e agimos fora de hora...

Na pressa, ansiedade, tristeza, nos alimentamos mal, ou comemos de mais, ou nem queremos comer...

Alguns, como uma forma de compensação, quando estão estressados, saem para comprar, gastar, só por impulso, nada planejado (principalmente mulheres)...

O caso é que se entupir de chocolate, de doces, sair para gastar desordenadamente, sem planejamento algum, só por conta do estresse: comer, comer, comer, comprar, comprar, comprar... Tudo isso, também pode ser vício, que traz alívio paliativo, mas não resolve a causa raiz, pelo contrário, pode arranjar mais problema...

Imagina que por não querer conversar com seu cônjuge ou filho(a) para resolver um caso sério de relacionamento, você opte por comer, comer e comer... Poderás ter má digestão, obesidade, provocar doenças de ordem física e emocional... Ou prefiras comprar, comprar e comprar... O problema não se resolve e ainda podes arranjar uma grande dívida para comprometer sua vida financeira.

Todavia, a boa notícia é que não precisamos de nada disto, precisamos é fazer o que a Palavra de Deus nos orienta:

"Lancem sobre ele todas as suas ansiedades, porque ele cuida de vocês."

(1 Pedro 5.7)

Necessitamos é aceitar o convite de Jesus:

"— Venham a mim todos vocês que estão cansados e sobrecarregados, e eu os aliviarei. Tomem sobre vocês o meu jugo e aprendam de mim, porque sou manso e humilde de coração; e vocês acharão descanso para a sua alma. Porque o meu jugo é suave, e o meu fardo é leve."

(Mateus 11.28-30)

RODA DA VIDA

*"O ladrão vem somente para roubar, matar e destruir; **eu vim para que tenham vida e a tenham em abundância.**"*

(João 10.10)

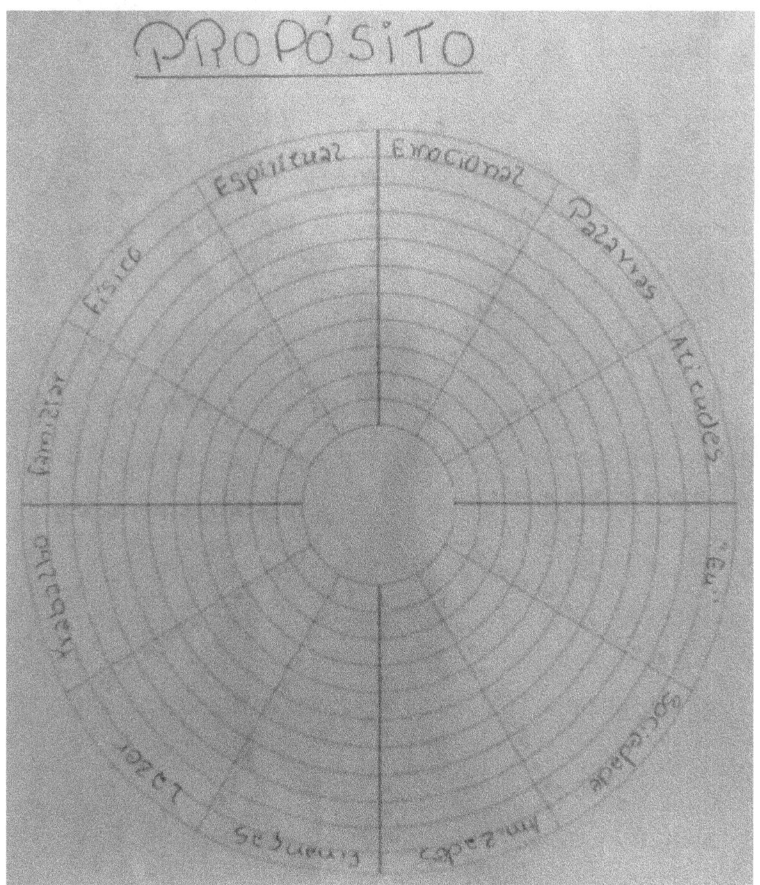

Modo de usar a ferramenta: *Pinte cada área de sua vida até o nível que você considera que ela esteja atualmente (sendo 0 o pior*

*e 10 o melhor). A ideia é entender que todas as áreas são importantes e precisam andar em equilíbrio para que a "roda gire" e esta também precisa estar "cheia", pois "murcha", não funciona bem. Nas escolas, a média para passar de série, costuma ser no mínimo 5 ou 6, mas em se tratando de nossas vidas, não vamos aceitar nota abaixo de 7, combinado?! Imagina, uma rodinha toda danificada de um carro, ter que encarar uma enchente?! Então, tratemos de consertar o que for preciso, para estarmos prontos para encarar as adversidades da vida. Para que você seja uma construção resistente, como a casa na rocha da parábola contada por Jesus em **Mateus 7.24-27,** não basta apenas ouvir, tem que ser prudente, ouvir e praticar os ensinamentos do Mestre.*

Refaça periodicamente este exercício observando as áreas que subiram de nível e as que desceram, trabalhe em conjunto com Deus e com sua família na manutenção dela, é um exercício de melhoria contínua de sua qualidade de vida.

<u>*Responda as perguntas abaixo e trace um plano de atitude!*</u>

- Em quais áreas estou melhor? Por quê?
- Em quais áreas preciso melhorar? Por quê? O que posso fazer? Quem pode me ajudar?

Lembre-se de que tendo Deus como prioridade, as demais áreas receberão ajuda do alto!

"Mas busquem em primeiro lugar o Reino de Deus e a sua justiça, e todas estas coisas lhes serão acrescentadas."
(Mateus 6.33)

Nota: Soube desta excelente ferramenta utilizada por psicólogos, primeiramente através do livro *"Guardiões da Infância"* da dra. Flávia Luz e posteriormente obtive o modelo em branco da "Roda da Vida" e adaptei para as áreas que trato em meu livro, através do site: https://zety.com/br/blog/roda-da-vida.

<u>Bibliografia</u>

Bíblia Sagrada

Disponível em: <http://www.bibliaonline.com.br/naa>. Acesso em: 24 FEV. 2023.

A Bíblia da Mulher: leitura, devocional, estudo. 2ª ed. Barueri, SP: Sociedade Bíblica do Brasil, 2009.

Oxford Languages

Disponível em: <https://languages.oup.com/google-dictionary-pt/>. Acesso em: 24 FEV. Acesso em: 24 FEV. 2023.

Priberam Languages

Disponível em: <https://dicionario.priberam.org/>. Acesso em: 24 FEV. 2023.

AIETA, Débora. **Aprendendo Finanças com Deus:**1ª ed. Rio de Janeiro/RJ, Agosto:2017

AIETA, Débora. **Degrau por Degrau Rumo à Independência Financeira:**1ª ed. Rio de Janeiro/RJ, Janeiro:2022

AIETA, Débora. **Cansado de Arroz Queimado:**1ª ed. Rio de Janeiro/RJ, Setembro:2022

União Feminina Missionária Batista do Brasil, **Manancial meditações diárias**.

*LUZ VAZ, Flávia. **Guardiões da Infância**, GTD Publicações Ltda., Vila Velha/ES, 2021*

Zety

Disponível em: <https://zety.com/br/blog/roda-da-vida>. Acesso em: 04 MAR. 2023.

9 798386 883980